DEUX MUSÉES

DE

SCULPTURE FRANÇAISE

À L'ÉPOQUE DE LA RÉVOLUTION

INVENTAIRE DE LA SALLE DES ANTIQUES
par AUGUSTIN PAJOU

ET

LES SCULPTURES DU MUSÉE SPÉCIAL DE L'ÉCOLE FRANÇAISE À VERSAILLES

publiés par M. FURCY-RAYNAUD

Attaché à la Bibliothèque de l'Arsenal

PARIS

JEAN SCHEMIT

52, RUE LAFFITTE, 52

1907

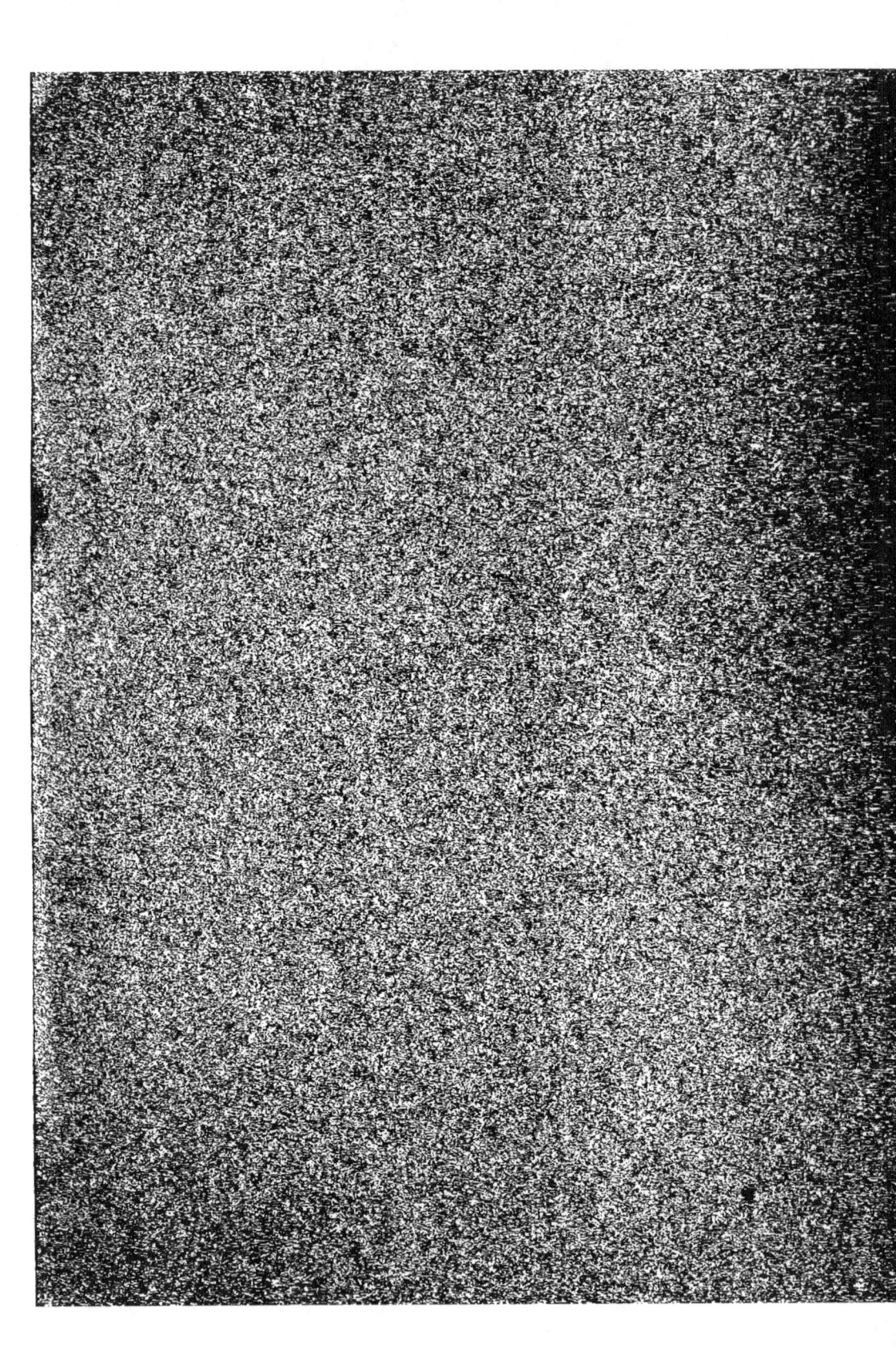

DEUX MUSÉES

DE

SCULPTURE FRANÇAISE

A L'ÉPOQUE DE LA RÉVOLUTION

DEUX MUSÉES

DE

SCULPTURE FRANÇAISE

A L'ÉPOQUE DE LA RÉVOLUTION

DEUX MUSÉES

DE

SCULPTURE FRANÇAISE

A L'ÉPOQUE DE LA RÉVOLUTION

INVENTAIRE DE LA SALLE DES ANTIQUES

Par AUGUSTIN PAJOU

ET

CATALOGUE DES SCULPTURES DU MUSÉE SPÉCIAL DE L'ÉCOLE FRANÇAISE A VERSAILLES

Publiés par M. FURCY-RAYNAUD

Attaché à la Bibliothèque de l'Arsenal.

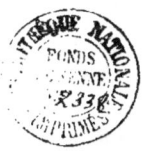

PARIS

JEAN SCHEMIT

52, RUE LAFFITTE, 52

—

1907

I

LA SALLE DES ANTIQUES ET L'INVENTAIRE DE PAJOU

La salle appelée au dix-huitième siècle salle des Antiques, avait été désignée pendant longtemps sous le nom de salle des Cent-Suisses. Elle est désignée aujourd'hui sous le nom de salle des Cariatides.

Au dix-septième siècle, elle reçut en dépôt les nombreux moulages d'antiques, faits sur l'ordre de Louis XIV, et ne commença à recevoir les œuvres des sculpteurs contemporains que vers le milieu du dix-huitième siècle.

Les nouvelles constructions de Louis XV, Choisy et Bellevue en particulier, les modifications du parc de Versailles, avaient provoqué de nombreuses commandes. D'autre part, la pénurie des finances avait entravé l'exécution de beaucoup de projets grandioses, et laissé inachevées beaucoup d'entreprises. Bien des statues prêtes à être livrées se trouvaient, par suite de l'abandon des anciens plans, sans utilité immédiate.

L'administration des Bâtiments du Roy, ne pouvant les laisser plus longtemps encombrer les ateliers de leurs auteurs, la salle des Antiques se trouva toute désignée pour leur donner une hospitalité qui, de provisoire, comme on le croyait tout d'abord, allait devenir presque définitive.

Avec l'arrivée au pouvoir de M. d'Angiviller, une série d'œuvres nouvelles vint accroître le dépôt de la salle des Antiques. En effet, le nouveau Directeur général voulut encourager les sculpteurs, fort négligés par les commandes officielles dans les dernières années de l'administration précédente. Il fit entreprendre la série si importante des statues d'hommes illustres qui, à leur tour, furent déposées à la salle des Antiques; celle-ci finit donc par comprendre des œuvres de la plupart des sculpteurs contemporains et forma ainsi un véritable musée; les guides de l'époque l'indiquent aux curieux et préviennent ceux-ci que l'autorisation de visiter doit être demandée au garde des Antiques; ils ajoutent d'ailleurs que ces statues sont destinées à orner le Muséum projeté depuis tant d'années.

La Révolution, qui devait réaliser enfin le projet de Muséum de l'abbé Terray et de M. d'Angiviller, s'occupa nécessairement de cette collection, mais ce fut pour en disperser le contenu. Le 24 octobre 1792, la Commission des Monuments (1) décida de faire disparaître de la salle des Antiques toutes les sculptures modernes et chargea Pajou, alors garde des Antiques, d'en faire l'inventaire; c'est cet inventaire que nous publions ci-après. Il énumère un certain nombre d'œuvres faites sous les règnes de Louis XIV, Louis XV et Louis XVI, mais ne cite pas quelques œuvres de la Renaissance signalées dans les guides.

A la suite de la dispersion de ce dépôt, quelques statues allèrent au Musée des Monuments français, d'autres restèrent au Louvre, quelques-unes disparurent. Malheureusement nous n'avons pu retrouver les pièces administratives concernant cette dispersion; ces documents seuls pourraient aider à retrouver les œuvres perdues.

La publication de l'inventaire de Pajou paraît présenter un double intérêt.

1° Au point de vue de l'histoire des collections nationales, il contient, en effet, toute une liste d'œuvres dont une fort petite partie seulement alla au Musée des Monuments français; sur ces dernières seules, par conséquent, les papiers de Lenoir nous renseignent. L'inventaire de Pajou peut donc servir de point de départ pour les recherches à faire sur toutes les œuvres qui ne furent pas déposées dans les salles des Grands-Augustins.

2° Au point de vue de l'histoire des commandes des Bâtiments du Roy, il permet de constater avec certitude l'exécution de certaines statues disparues aujourd'hui et sur lesquelles les documents administratifs (de valeur très

---

(1) V. Procès-verbaux de la Commission des Monuments, *Nouvelles Archives de l'Art français*, années 1902 et 1903.

diverse, d'ailleurs) ne donnent que des renseignements trop insuffisants pour pouvoir conclure avec certitude à leur achèvement.

II

LE MUSÉE SPÉCIAL DE L'ÉCOLE FRANÇAISE A VERSAILLES

Pour l'étude de ce musée éphémère, nous renverrons au très intéressant travail de M. Dutilleux, dans Réunions des Sociétés de Beaux-Arts des départements, année 1895.
Outre quelques œuvres du dix-septième siècle, qui provenaient du château même, ce musée ne contenait guère que les statues confisquées à Rambouillet chez Madame Dubarry à Louveciennes et qui furent sans doute directement transportées à Versailles.

Nous avons étudié, dans les notes qui forment la deuxième partie de ce travail, l'origine des œuvres d'art contenues dans les deux inventaires publiés ci-après.
Comme presque toutes ces statues étaient destinées non pas à être placées isolément, mais à faire partie de groupes, il eût été insuffisant de ne donner que les documents qui les concernaient elles seules; aussi étudions-nous d'une façon complète tous les ensembles de sculpture dont une ou plusieurs pièces se retrouvent dans l'inventaire de Pajou ou dans le catalogue du Musée de Versailles. La très grande majorité des documents reproduits ici provient des archives des Bâtiments du Roi (Archives nationales, Série O¹).

Qu'il me soit permis de remercier ici MM. Paul Vitry, du Musée du Louvre, et Gaston Brière, du Musée de Versailles, dont l'obligeance m'a été d'un précieux secours dans la rédaction de ces quelques notes.

PREMIÈRE PARTIE

A. — ÉTAT GÉNÉRAL
DES STATUES ET OUVRAGES MODERNES
CONTENUS DANS LA SALLE DES ANTIQUES
AU VIEUX LOUVRE
ET CONFIÉS A LA GARDE DU CITOYEN PAJOU
Sculpteur de l'Académie.

Noms des Auteurs.	Noms des Statues.	Grandeur.
BERRUER.	*D'Aguesseau.*	6 p.
BOIZOT.	*Racine.*	»
BRIDAN.	*Vauban.*	»
CAFFIERI.	*Corneille.*	»
	Molière.	»
CLODION.	*Montesquieu.*	»
DEJOUX.	*Catinat.*	»
GOIS.	*Le Président Molé.*	»
	Le Chancelier de l'Hôpital.	»
HOUDON.	*Tourville.*	»
JULIEN.	*Lafontaine.*	»
LECOMTE.	*Fénelon.*	»
	Rollin.	»
MONNOT.	*Duquesne.*	»
MOUCHY.	*Sully.*	»
	Luxembourg.	»
	Montausier.	»
PAJOU.	*Turenne.*	»
	Descartes.	»
	Bossuet.	»
	Pascal.	»
ROLAND.	*Condé.*	»

(Afin de faciliter les recherches, les statues de grands hommes inventoriées par *Pajou* ont été rangées dans l'ordre alphabétique des noms d'auteurs. V. 2ᵉ partie, p. 12).

Noms des Auteurs.	Noms des Statues.	Grandeur.
Mouchy.	*Harpocrate, dieu du Silence* (1).	6 p.
Coustou.	*Sainte Catherine copiée d'après François (Flamand).*	6 p.
	Grand bas-relief enveloppé de charpente, représentant le passage du Rhin par Louis XIV (2).	12 p.
Sarazin.	*Une table de marbre blanc* (3), *ornée de grappes de raisin sur laquelle est un groupe d'enfants et une chèvre.*	3 p.
Girardon.	*Une statue équestre* (4) *de Louis XIV en bronze soutenue par deux figures en bois doré, avec des accessoires militaires.*	2 p.
Bouchardon.	*L'Amour se faisant un arc de la massue d'Hercule* (5).	6 p.
Vassé.	*Une pleureuse* (6).	5 p.
Le Moyne.	*Le buste de Louis XV.*	6 p.
	Statue de Louis XV (7).	6 p.
	Melpomène pleurant sur le tombeau de Crébillon (8).	6 p.

(1) V. 2ᵉ partie, p. 23.
(2) Au palais de Versailles, vestibule de la chapelle.
(3) Thierry, dans son *Guide* (1787), indique bien le groupe de *Sarazin* comme provenant de Marly ; d'autre part, Dezallier d'Argenville, dans son *Guide des environs de Paris* (3ᵉ édition 1768), le cite comme y étant encore ; c'est donc entre ces deux dates que ce groupe fut transporté à la salle des Antiques. Il se trouve actuellement au Jardin des Plantes. Une copie de ce groupe fut exécutée par *Vinache*, en 1746. V. 2ᵉ partie, p. 23.
(4) Cette statuette est le modèle de la statue de Louis XIV qui avait été érigée sur la place des Victoires, elle se trouve actuellement au palais de Versailles (n° 2172).
(5) V. 2ᵉ partie, p. 18.
(6) Cette statue avait été destinée au tombeau de M. de Caylus, mais ce dernier voulut être enterré dans un sarcophage antique rapporté par lui d'Italie. *Vassé* n'exécuta que la décoration en bronze de ce dernier et la *Pleureuse* resta à la salle des Antiques. Louvre, n° 337.
(7) V. 2ᵉ partie, p. 21.
(8) Au Musée de Dijon.

Noms des Auteurs.	Noms des Statues.	Grandeur.
ADAM le jeune.	*Iris qui attache ses ailes* (1).	6 p.
LE PAUTRE.	*La Religion avec ses attributs.*	6 p.
BRIDAN.	*Vulcain* (2).	6 p.
PAJOU.	*Psyché* (3).	6 p.
PUGET.	*Grand bas-relief représentant Alexandre et Diogène* (4).	
PIGALLE.	*Vénus et l'Amour* (5).	5 p.
	Buste de Voltaire.	2 p.
	Buste du Maréchal de Saxe (6).	2 p.
VERBRECK.	*Deux grands vases en marbre ornés de guirlandes de fleurs et de têtes de béliers* (7).	5 p.

II. — PETITS MODÈLES EN TERRE
Projets pour les aérostats.

CLODION.	*Deux modèles en terre* (8).	
MOUCHY.	» » »	
LECOMTE.	*Un modèle en terre.*	
JULIEN.	» » »	
HOUDON.	» » »	

III. — PLÂTRES

HOUDON.	*Un écorché.*
PUGET.	*Un torse de Milon.*
	Persée qui délivre Andromède.
SALY.	*Une grande tête de cheval.*
SARAZIN.	*Un Christ en plâtre fracturé.*

Un bas-relief en plâtre fracturé en cinq morceaux, représentant une offrande au pape.
        (Archives nat. F^{17} 1059).

---

(1) V. 2ᵉ partie, p. 20.
(2) V. 2ᵉ partie, p. 18.
(3) Louvre, n° 777.
(4) Louvre, n° 796.
(5) Louvre, n° 782, provenant de Bellevue.
(6) Louvre, n° 783.
(7) V. 2ᵉ partie, p. 14.
(8) L'un de ces modèles appartient aujourd'hui à M. Paul Tissandier. *Pajou* prit également part au concours de 1783, pour lequel avaient été exécutés tous ces modèles.

B. — EXTRAIT DE LA NOTICE DU MUSÉE SPÉCIAL DE L'ÉCOLE FRANÇAISE A VERSAILLES

Sculptures placées dans l'intérieur du Musée (1).

ALLEGRAIN.
353. *Vénus* (2).
354. *Diane* (3).

BOUSSEAU.
355. *La Magnanimité* (4).

GIRARDON (François).
357. Un vase. — *Le Triomphe de Vénus.*
358. — *Le Triomphe de Galathée.*

JULIEN.
359. *Une nymphe* (5).
362. *Ganymède sert à boire à Jupiter sous la forme d'un aigle* (6).

MOUCHY.
363. *L'Amour,* d'après Bouchardon (7).

PUGET (Pierre).
364. *Alexandre et Diogène* (8).

SARAZIN.
365. Un bas-relief. — *La Fuite en Égypte.*

VASSÉ.
366. *Vénus et l'Amour* (9).
367. *Minerve* (10).
368. *La Gloire* (11).

SARAZIN (Statues dans la manière de).
383. *La Maladie.*
384. *La Santé.*

---

(1) V. *Notice du musée spécial de l'École française an X,* in-12. Nous avons supprimé dans cette liste les copies d'après l'Antique.
(2) V. 2ᵉ partie, p. 22.
(3) Louvre, n° 484, provenant de Louveciennes.
(4) V. 2ᵉ partie, p. 22.
(5) Au Louvre, n° 750, sous le nom d'*Amalthée.* V. *Gazette des Beaux-Arts,* 1903, t. I, p. 409 à 412.
(6) Louvre, n° 748.
(7) V. 2ᵉ partie, p. 19.
(8) Louvre, n° 796.
(9) V. 2ᵉ partie, p. 22.
(10) Provenant de Louveciennes.
(11) Antichambre de la chapelle du château de Versailles.

DEUXIÈME PARTIE : *NOTES*

LISTE PAR ORDRE DE DATES DES STATUES D'HOMMES ILLUSTRES

Le 14 mars 1777, d'Angiviller exposait à Pierre un projet destiné à encourager les sculpteurs; le projet était de commander tous les deux ans quatre statues d'hommes illustres de l'histoire de France. Ces statues devaient être payées 10 000 livres; les auteurs devaient fournir en même temps un modèle en petit pour la Manufacture de Sèvres; ce modèle leur était payé 1 000 livres (1).

1776 pour le Salon de 1777.

Descartes.	*Pajou.*	Institut.
Sully.	*Mouchy.*	Institut.
L'Hôpital.	*Gois.*	Institut.
Fénelon.	*Lecomte.*	Institut.

1778 pour le Salon de 1779.

D'Aguesseau.	*Berruer.*	?
Bossuet.	*Pajou.*	Institut.
Montesquieu.	*Clodion.*	Institut.
Corneille.	*Caffieri.*	Institut.

1779 pour le Salon de 1781.

Pascal.	*Pajou.*	Institut.
Montausier.	*Mouchy.*	Institut.
Tourville.	*Houdon.*	Versailles, n° 2858.
Catinat.	*Dejoux.*	Versailles, n° 2857.

---

(1) Les statues dont le nom est imprimé en italique ne furent livrées que pendant la Révolution. La statue de **Montaigne** par Stouf (achevée en 1800), celle de *d'Alembert* par Lecomte (achevée en 1808), toutes deux à l'Institut, furent commandées pour compléter cette série. La seule de ces œuvres qui ait disparu est le *d'Aguesseau* de Berruer, placée dans le Salon de la Paix, au palais des Tuileries et détruite, sans doute, par l'incendie de 1871 ; d'ailleurs, le plâtre de cette statue est au Musée de Versailles.

V. aussi *Inventaire des Richesses d'Art*. Paris. — *Monuments civils*, t. I, pp. 6, 7, 8, et Guiffrey. Les marbres du palais de l'Institut (*Journal des Savants*, 1904, p. 690).

1781 pour le Salon de 1783.

TURENNE.	*Pajou.*	Versailles, n° 2836.
MOLIÈRE.	*Caffieri.*	Institut.
VAUBAN.	*Bridan.*	Versailles, n° 2851.
LAFONTAINE.	*Julien.*	Institut.

1783 pour le Salon de 1785.

DUQUESNE.	*Monnot.*	Versailles, n° 2838.
Le Président MOLÉ.	*Gois.*	Institut.
RACINE.	*Boizot.*	Institut.
ROLAND.	*Condé.*	Versailles, n° 2835.

1785 pour le Salon de 1787.

ROLLIN.	*Lecomte.*	Institut.
LUXEMBOURG.	*Mouchy.*	Versailles, n° 2650.
BAYARD.	*Bridan.*	Versailles, n° 573.
S^T VINCENT DE PAUL.	*Stouf.*	Hospice des Enfants-Assistés.

1787 pour le Salon de 1789.

LE CHANCELIER LAMOIGNON.	*Pajou.*	Institut.
LE POUSSIN.	*Julien.*	Institut.
LE CONNÉTABLE DUGUESCLIN.	*Foucou.*	Versailles, n° 1852.
J. D. CASSINI.	*Moitte.*	Institut.
(O¹ 1921).		

POUR LE PARC DE CHOISY

La décoration du parc de Choisy fut l'objet de quatre séries de commandes différentes : 1° Les groupes de *la Chasse* et de *la Pêche*, par Adam l'aîné, aujourd'hui à Potsdam ; 2° quatre grands vases de marbre de forme dite *Médicis;* 3° le *Bosquet de la Paix ;* 4° le groupe de *Vénus* et *Vulcain.* Aucune de ces statues ne fut jamais mise en place ; quelques-unes ne furent pas même exécutées.

I. — **Quatre grands vases de forme dite *Médicis*.**

1º *VERBRECK*. — **Deux vases aux attributs du *Printemps*.**

Mémoire des ouvrages de sculpture en marbre faits pour le service du Roy, commancés suivant les ordres de M. Orry, alors D^r..., etc..., finis sous les ordres de M. Le Normant de Tournehem, D^r..., etc..., conformément aux desseins de M. Gabriel, premier architecte de S. M., par Verbreck, pendant les années 1742 jusques en l'année 1747.

Avoir fait deux vases de marbre blanc de 6 pieds de hauteur sur 4 pieds 6 pouces de diamètre lesquels représentent *le Printems*. Ils sont ornés sur le quart de rond du chapeau, d'un grand godron entouré de bandes, accompagnées des doubles quarrés ; en avoir poussé l'architecture.

Le corps du vase est enrichy par quatre festons formés par toutes sortes de fleurs et décoré de deux têtes de Flore posées sur des cartouches, lesquels sont formés par des rocailles et accompagnés d'ailes de chauve-souris, et au dessus des dits cartouches sont des chutes de fleurs.

Au dessous du même corps de vase sont des culots, lesquels sont ornés par deux grandes consoles enrichies de bandes et formant le balustre, lesquelles sont revêtues de morceaux de rocaille ; et au dessus de ces consoles sont des têtes de bélier qui ont une couronne de fleurs au col, et le corps du cullot est décoré de cannaux creux qui tournent obliquement sur le même cullot.

Le pied d'ouche est orné dans trois parties. Le quart de rond du haut est orné par des feuilles de refend (?) qui sont accompagnées de coquilles ; la gorge du dit pied d'ouche est enrichie de cannaux à l'antique qui se terminent en palmettes, lesquelles sont ornées de bandes avec des doubles quarrés et le gros tore du même pied d'ouche est décoré d'un compartiment de bandes formant des entrelacs lesquels renferment des rosettes. Avoir fait et pris dans les blocs de marbre toute l'architecture des dits vases.

Evalué chaque vase de marbre, qui sont très délicatement travaillés et parfaitement bien finis, avec toute l'étude, le soin et l'attention possible à 7 000 l. ; fait pour les deux grands vases. . . . . 14 000 l.

Plus avoir fait exprès de ces vases, deux modèles grands comme l'ouvrage, en avoir fait les moules et les plâtres pour les poser en place.

Evalué le tout ensemble à la somme de. . . . . 2 000 l

Total. . . . . 16 000 l.

Une note de *Cochin*, en date du 21 avril 1760, nous apprend que le prix des deux vases a été « modéré » à 8 000 livres. (O^1 1922 B.)

Enfin une autre note vient compléter ces renseignements.

Nota. — Les deux vases et deux autres de la même proportion, l'un de M. Pigalle et l'autre de M. Adam le cadet représentant la saison de l'*Automne* sont payés. Comme tous les quatre sont faits et qu'il ne reste plus que le parfait paiement à faire des deux de M. Verbreck, M. de Vandières a donné ordre, le 26 août 1753, de les placer dans la salle des Antiques jusqu'à ce qu'il soient déposés dans les jardins de Choisy.

(A. N. O¹ 1979 p. 157).

2° *PIGALLE*. — **Un vase aux attributs de l'*Automne*.**

Plus un vase aussi en marbre de 5 p. 1/2 de haut, très richement orné de deux têtes de bacchantes, de grandeur naturelle, de deux têtes de bouc, deux consoles, deux cartouches, de feuilles de refend (?), godrons, de plusieurs autres ornements ainsi que de deux guirlandes de feuilles de vigne, feuilles et raisins, faisant tous les dits ornements allusion à l'*Automne*.

Pour le dit vase la somme de. . . . . 4 000 l.

(A. N. O¹ 1922 B.).

3° *ADAM le jeune*. — **Un vase aux attributs de l'*Automne*.**

Mémoire d'un vase en marbre de 5 p. et demi de haut pour le service du Roy, ordonné par feu M. Orry directeur... etc... fait et livré par le sieur Adam le jeune pendant l'année 1745.

La somme de. . . . . 4 000 l.

(A. N. O¹ 1922 A.).

Ces deux derniers vases furent donnés par le Roi au marquis de Marigny, par bon du 22 décembre 1760. Ils figurent au catalogue des statues du château de Ménars (1) sous le n° 4 ; mais, comme le démontrent les pièces ci-dessus, ce catalogue se trompe en attribuant l'un de ces vases à *Verbreck* alors qu'il est d'*Adam le jeune*; tous deux sont encore à Ménars actuellement.

II. — Le Bosquet de la Paix.

Lépicié écrivait à M. de Vandières, le 1ᵉʳ octobre 1752, la lettre suivante (2) : « Je vous ai parlé, Monsieur, au sujet d'un bosquet de
« Choisy dont vous avez approuvé le plan offert par feu M. *Coypel*
« et qui doit s'appeler *Bosquet de la Paix*.

« Suivant la distribution que vous avez faite des ouvrages de
« sculpture qui doivent l'orner et qui consistent en un groupe et
« quatre figures de marbre, vous avez donné à faire à *Michel-Ange*
« *Slodtz* le groupe de *la Victoire qui ramène la Paix*. Vous avez
« donné la figure d'*Apollon* au Sʳ *Le Moyne*; l'*Abondance* au
« Sʳ *Adam* l'aîné; la figure de *Mercure* au Sʳ *Saly*. Mais comme

---

(1) Réimprimé par M. E. Plantet. Paris, Quantin, 1885, in-8°.
(2) V. *Corresp. de Marigny*, t. I, p. 24.

« cet artiste va en Danemark, j'ai eu l'honneur de vous proposer à
« sa place le Sr *Coustou* qui aura terminé à la fin de l'année la
« figure d'*Apollon* (1) qu'il fait pour le château de Bellevue. Il y a de
« plus la figure de *Minerve*. Si vous n'avez pas, Monsieur, de desti-
« nation particulière pour cette figure, je crois que *Paul Slodtz*, frère
« de *Michel-Ange*, serait en état de s'en acquitter avec succès »...

1° *Michel-Ange SLODTZ*. — La Victoire qui ramène la Paix.

Un groupe représentant la *Victoire qui ramène la Paix* destiné pour les jardins de Choisy. Ce groupe sera chargé d'un grand travail.

    Estimé environ. . . . . 27 000 l.
(État des commandes, exercice 1752). (O¹ 1922 B.)

Le modèle de ce groupe fut exposé au Salon de 1755 sous le n° 129. Nous n'avons pu retrouver aucune trace de son exécution ; d'ailleurs les biographies contemporaines de la mort de l'artiste ne le citent dans la liste de ses œuvres que comme « un groupe commandé par le Roy, qui n'a pas été exécuté ».

2° *ADAM l'aîné*. — L'Abondance.

Mémoire d'une figure en marbre pour le service du Roy, ordonnée par M. le marquis DE MARIGNY, commencée en 1752 et achevée par le sieur ADAM l'aîné en 1758.

Cette figure exécutée en marbre a six pieds de proportion de hauteur, elle représente l'*Abondance* avec ses attributs. Elle est destinée pour orner les jardins de Choisy.

    Estimée. . . . . 10 000 l.
  (O¹ 1921 B.).

Le plâtre de cette statue avait figuré au Salon de 1753.

Nous retrouverons cette statue au catalogue Ménars sous le n° 16. Elle fut achetée à la vente de 1881 par le baron Alphonse de Rothschild pour la somme de 76 000 francs.

3° *J.-B. LE MOYNE*. — Apollon.

Reçu de M. le Directeur général une ordonnance en date du 30 octobre de la somme de 1200 l. ordonnée au sieur LE MOYNE en acompte sur la figure d'*Apollon* qu'il a faite pour le château de Choisy.

    Reçu ladite ordonnance 8 novembre 1765.
              LE MOYNE.

(Registre d'ampliations du Louvre, p. 52).

---

(1) Parc de Versailles, au rond-point de l'Étoile.

Une note des Archives vient compléter ce renseignement.

« Il a été payé acompte sur cette figure en 1765 la somme de 1 200 l. Il a été arrêté par M. le Directeur général que ces 1 200 l. seraient allouées pour le paiement du modèle de cette figure qui n'a point été exécutée en marbre.

(A. N. O¹ 1921 A.).

4° Guillaume II COUSTOU. — **Mercure.**

Une figure en marbre représentant *Mercure avec les attributs du Commerce* (Choisy, pour le *Bosquet de la Paix*), ouvrage distribué en 1753.

Estimé. . . . . 10 000 l.

Nota. — Cette figure avait été donnée à exécuter au sieur Saly. Son départ pour le Danemark a engagé M. le Directeur général à l'accorder au sieur Coustou.

(État des commandes pour 1754). (A. N. O¹ 1779.)

5° PAJOU. — **Vénus-Uranie.**

A lui ordonné, une figure en marbre représentant *la muse Uranie*.

Estimée. . . . . 10 000 l.

Cette figure est la quatrième ordonnée pour les jardins de Choisy. Elle avait été ordonnée en 1752 sous le titre de *Minerve* à M. Paul Slodtz qui mourut sans avoir rien commencé. Ensuite elle fut ordonnée à M. Falconet qui n'avait point encore commencé lors de son départ pour la Cour de Russie. Enfin elle a été ordonnée à M. Pajou qui, avec l'agrément de M. le Directeur général, changea le nom de *Minerve* en celui de *Vénus-Uranie* (1).

(État des commandes 1765). (O¹ 1921 A.)

Nous ne relevons aucune trace de l'exécution de ces deux dernières statues et il n'y a dans les comptes des Bâtiments aucune mention d'un acompte donné sur ces deux commandes. Il est donc fort probable qu'elles ne furent même pas ébauchées.

III. — Vénus et Vulcain.

1° D'HUEZ. — **Vénus.**

Mémoire du modèle d'une statue ordonnée en 1764 par feu M. le marquis de Marigny lors Directeur, etc..., au sieur d'Huez, sculpteur du Roy, pour être exécutée en marbre pour le service de S. M.

---

(1) V. aussi *Corresp. de Marigny*, t. II, p. 57 et 73.

Cette statue, qui représente *Vénus qui demande à Vulcain des armes pour Enée*, n'a point été exécutée en marbre, le modèle et le plâtre seuls en ont été faits.

  Lesquels sont évalués à la somme de...   1500 l.
    Arrêté le 29 décembre 1790. *Signé :* Vien, Jardin, Hazon.
  (O¹ 1921 B.).

Le plâtre de cette statue fut exposé au Salon de 1769 et de 1771.

2° BRIDAN. — Vulcain.

Mémoire d'une figure en marbre exécutée pour le service du Roy sous les ordres de M. le comte d'Angiviller par le sieur Bridan, sculpteur de S. M. pendant l'année 1781.

Cette figure a six pieds de proportion, elle représente *Vulcain*.

    Estimée . . . . 10000 l.
  (A. N. O¹ 1921 B.).

Cette figure avait d'abord été ordonnée à *Caffieri*.

A lui ordonné une figure en marbre représentant *Vulcain à qui Vénus demande des armes pour Enée*. Le sujet a été pareillement ordonné au sieur d'Huez ainsi qu'il est fait mention ci-après. Cette figure n'est encore qu'esquissée.

    Estimée. . . . . 10 000 l.
  (État des commandes 1766). (O¹ 1921 A.)

Comme nous l'apprend une lettre de l'abbé Terray à *Pierre* (1), *Caffieri*, qui avait reçut la commande du *Vulcain*, demanda à faire au lieu de cette statue le groupe de l'*Amitié surprise par l'Amour*, qu'il n'acheva pas d'ailleurs. Ce fut *Bridan* qui fit le *Vulcain* au lieu de *Caffieri*.

Le plâtre de cette statue figura au Salon de 1777 ; le marbre à celui de 1779. A la salle des Antiques en 1792, elle se trouve actuellement au jardin du Luxembourg ; elle est placée au pied de l'escalier Est du grand bassin.

POUR L'ORANGERIE DE CHOISY

BOUCHARDON. — L'Amour.

Mémoire pour une figure en marbre représentant l'*Amour qui se forme un arc de la massue d'Hercule*, livrée pendant l'année 1750.

    Estimée.. . . . . 15 000 l.
    Gratification pour ladite figure. . . 6 000 l.
                21 000 l.
  (O¹ 1921).

---

(1) V. *Correspondance de d'Angiviller*, t. Iᵉʳ, p. 9.

Actuellement au Louvre, n° 509.

Cette statue avait d'abord été destinée au palais de Versailles; elle fut ensuite placée dans une niche de l'orangerie de Choisy. (V. *Gazette des Beaux-Arts*, t. XXXV, p. 310.)

POUR LE PETIT TRIANON

MOUCHY. — **L'Amour, d'après *Bouchardon*.**

Mémoire d'une figure en marbre de 5 pieds de proportion faite pour le service du Roy sous les ordres de M. le comte d'Angiviller par le sieur Mouchy, pendant l'année 1780. Cette figure en marbre de cinq pieds de proportion, destinée pour le nouveau Trianon, est une copie de l'*Amour*, d'après Bouchardon.

Estimée. . . . . 6 000 l.

Arrêté et réglé le 16 février 1781. *Signé* : Pierre, Jardin, Heurtier.

Au Petit Trianon, dans le temple de l'Amour.

POUR LE PARC DE VERSAILLES

L'ensemble dont nous donnons le détail ci-dessous fut commandé en 1743 pour le parc de Versailles par le contrôleur général Orry. Il devait se composer de trois statues : 1° *Ganymède*, commandé à *Francin*; 2° *Iris*, commandée à *Adam le jeune*; 3° *L'Aurore*, commandée à *Vinache*. Aucune de ces œuvres d'art ne fut jamais mise en place.

1° *FRANCIN*. — **Ganymède.**

A lui (Francin) ordonné une figure en marbre représentant *Ganymède*; cette figure est destinée pour les jardins de Versailles et doit accompagner celle de l'*Aurore* par le sieur Vinache et celle d'*Iris* par le sieur Adam lesquelles figures ont été portées dans la salle des Antiques en attendant qu'elles soient toutes deux terminées pour être placées ensemble.

Estimée . . . . 10 000 l.

Nota. — Comme le sieur Francin est mort sans avoir terminé entièrement cette figure de *Ganymède*, il avait déjà reçu 8 500 l. On a retenu pour parfait paiement de cette figure pour donner au sieur Dupné, chargé de l'amener à sa perfection, la somme de. . . . . 1 500 l.

(État des commandes 1774). (O¹ 1921 A.)

Le plâtre de cette statue fut exposé au Salon de 1745.

En février 1777, M. de Maurepas écrivait à M. d'Angiviller et lui demandait une statue pour ses jardins de Pontchartrain ; *Pierre* proposa de donner le *Ganymède* de *Francin*, ce qui eut lieu en septembre de la même année, date d'achèvement de cette statue ; c'est donc par erreur que *Pajou* réclamait cette œuvre d'art avec les autres statues de Ménars (1). Elle ne se trouve plus actuellement à Pontchartrain.

2° *ADAM le jeune*. — Iris qui attache ses ailes.

Mémoire d'une figure en marbre ordonnée pour le service du Roy en 1743 au sieur ADAM le jeune et terminée sous les ordres de M. le comte D'ANGIVILLER directeur, etc..., par le sieur MICHEL CLODION en 1780 sauf entre lui et les héritiers ADAM leurs conventions, sans recours des dits héritiers sur leur Roy.

Cette figure en marbre est de grandeur naturelle et était destinée pour les jardins de Versailles. Elle représente *Iris*.

   Estimée . . . . 10 000 l.

 Certifié le 10 mars 1781. *Signé :* PIERRE.
  (O¹ 1921 B.).

A salle des Antiques en 1792, cette statue est transportée dans le jardin du ministère de la Police, et en sort le 22 nivôse an IV pour être déposée dans les jardins de Saint-Cloud d'où elle est de nouveau enlevée en novembre 1870 ; elle est actuellement dans les magasins de Versailles.

3° *VINACHE*. — L'Aurore.

Mémoire de l'estimation faite d'une figure en marbre représentant l'*Aurore*, commencée pour le service du Roy sous les ordres de M. DE TOURNEHEM par le sieur VINACHE, ès années 1748 et suivantes.

Cette figure de la proportion de 6 pieds de hauteur a été commencée en marbre par le feu sieur VINACHE et l'ouvrage qu'il y avait fait a été estimé à la somme de. . . . . 6 000 l.

 A Paris le 28 avril 1760. *Signé :* COCHIN.
  (O¹ 1922 B.).

---

(1) V. *Correspondance de d'Angiviller*, t. I, pp. 11, 113, 122, et *Procès-verbaux* de la Commission des Monuments, t. I, 168.

GILLET.

Mémoire des ouvrages de sculpture en marbre faits pour le Roy suivant les ordres de M. le marquis DE MARIGNY par le sieur GILLET, sculpteur, pendant l'année 1757.

La figure en marbre représentant l'*Aurore*, de la proportion de 6 pieds de haut, avait été commencée par le feu sieur VINACHE et l'ouvrage à faire pour l'achèvement de la dite figure estimé à la somme . . . . . 2 000 l.

Certifié à Paris le 12 juillet 1760. *Signé* : COCHIN.
(O¹ 1922 A.).

Le plâtre de cette statue avait été exposé au Salon de 1746, la statue elle-même fut donnée à M. de Marigny le 22 mars 1768, et figure au catalogue des statues de Ménars sous le n° 5 ; elle fut achetée en 1881 par le baron Edmond de Rothschild pour la somme de 61 050 francs ; elle figure encore actuellement dans la collection de ce dernier.

POUR L'ANTICHAMBRE DE LA CHAPELLE DU CHATEAU DE VERSAILLES

BOUSSEAU. — **La Magnanimité.**

Acompte sur un groupe qu'il a fait en marbre et posé dans le salon de la chapelle du château de Versailles, représentant la *Magnanimité des Princes*.

cy. . . . . 4 900 l.
Dès le 18 décembre 1730 au dit
   sieur un acompte de. . . . . . . 2 000 l.
(O¹ 2230, p. 363).

Cette statue a pour pendant *La Gloire couronnant Louis XV*, par *Vassé*.

POUR LA BIBLIOTHÈQUE DU ROI

J.-B. LE MOYNE. — **Statue de Louis XV.**

Une statue pédestre en marbre de *Louis XV* (ordonnée) par M. le duc D'ANTIN, pour Petit-Bourg.

Cette figure, n'étant pas achevée à la mort de M. le duc D'ANTIN, fut destinée ensuite pour être placée à la Bibliothèque du Roy. Elle n'était pas totalement terminée lors du décès de M. Le Moyne; elle l'a été par M. d'Huez conformément à l'autorisation donnée par M. le comte d'Angiviller aux héritiers et est actuellement placée dans la salle des Antiques.

            Estimée. . . . .   10 000 l.
(O^1 1922 A.).

Le 25 pluviôse an IV, cette statue fut remise à Lenoir pour le Musée des Monuments français. Elle fut accordée à la ville de Rouen le 8 mars 1823 et est actuellement placée dans l'escalier de l'Hôtel de Ville.

POUR LOUVECIENNES

1° ALLEGRAIN. — Vénus.

Mémoire d'une figure en marbre de grandeur naturelle, faite pour le service du Roy, sous les ordres de M. le marquis de Marigny, commandeur des ordres, etc..., par le sieur Allegrain en l'année 1766.

Cette figure, exécutée en marbre de grandeur naturelle, représente *Vénus*.

            Estimée. . . . .   10 000 l.
(O^1 1921).

Le parfait paiement fut effectué le 1er juillet 1771.

M. Pierre, premier peintre du Roy, fera délivrer par M. Allegrain, sculpteur du Roy, pour les jardins de Mme la comtesse du Barry, à Luciennes, la figure de *Vénus* en marbre, qu'il a exécutée pour le Roy et qui lui était restée en dépôt.

A Versailles, ce 12 avril 1772.
(O^1 1912).

Louvre, n° 483, sous le titre de « *La Baigneuse* ».

2° VASSÉ. — Vénus et l'Amour.

Mémoire pour un groupe de marbre représentant *Vénus instruisant l'Amour à tirer de l'arc*, qu'il a fait pour le service du Roy pendant les années dernières.

            Estimé. . . . .   14 000 l.
(O^1 1922).

Donné à Mme du Barry pour sa propriété de Louveciennes, déposé au Musée de l'École française à Versailles, puis dans les jardins de Saint-Cloud, actuellement dans les magasins de Versailles.

STATUES COMMANDÉES SANS DESTINATION SPÉCIALE

VINACHE. — **Copie du groupe d'enfants de *Sarazin*.**

Une copie en marbre des deux enfants qui jouent avec une chèvre (de Sarazin).

    Le groupe d'enfants. . . . . 6 500 l.
    Son piédestal très riche. . . . . 11 000 l.
    Estimés les deux. . . . . 17 500 l.

Cet ouvrage est très avancé.
        (O¹ 1979).

Mémoire de l'estimation faite de l'état dans lequel était la copie du groupe des enfants de Sarazin (du jardin de Marly) avec son piédestal lorsque le Roy l'a donnée à Mme la marquise de Pompadour. Ledit ouvrage commencé par le sieur Vinache en 1746 et suivantes.

L'ouvrage que le sieur Vinache avait fait à cette copie lorsque le Roy la donna à Mme de Pompadour est estimé à la somme de. . . . . . 6 000 l.

    A Paris ce 28 avril 1760. *Signé* : Cochin.
        (O¹ 1922 B.).

MOUCHY. — **Harpocrate, dieu du Silence.**

Mémoire d'une statue de marbre exécutée pour le service du Roy sous les ordres de M. le comte d'Angiviller par le sieur Mouchy, sculpteur du Roy, pendant les années 1788-89.

Cette figure est de grandeur naturelle et représente *Harpocrate, dieu du Silence.*
    Estimée. . . . . 10 000 l.

Cette statue fut exposée au Salon de 1779 ; elle n'a pu être retrouvée non plus que la copie du groupe d'après *Sarazin*.

Nous n'avons pas pu retrouver de documents justificatifs concernant un certain nombre de statues contenues dans les deux listes publiées plus haut ; voici pourquoi. Une partie de ces statues, commandées par Mme de Pompadour et Mme Dubarry, durent être payées directement par elles sans intervention des Bâtiments ; les autres sont des statues livrées et payées postérieurement à 1785. A partir de cette date, on note un changement sur les registres de comptabilité ; les paiements faits aux artistes sont, en effet, mentionnés sans le détail des travaux ; donc, quand certains mémoires d'artistes sont perdus, cas fréquent, on ne peut savoir exactement à quelle époque certains ouvrages ont été livrés et payés.

TABLE

Abondance, par *Adam l'aîné*, 15, 16.
ADAM (LAMBERT-SIGISBERT), dit l'aîné, 13, 15, 16.
ADAM (NICOLAS-SÉBASTIEN), dit le jeune, 10, 14, 15, 19.
Aérostats (Modèles pour le monument des), 10.
Aguesseau (Statue de d'), par *Berruer*, 8, 12, 13.
Alembert (Statue de d'), par *Lecomte*, 13.
Alexandre et Diogène, par *Puget*, 10, 11.
ALLEGRAIN (GABRIEL-CHRISTOPHE), 11, 22.
Amitié surprise par l'Amour (L'), (commandée à Caffieri), 18.
Amour (L'), par *Bouchardon*, 9, 18.
Amour (L'), par *Mouchy*, d'après *Bouchardon*, 11, 19.
ANGIVILLER (LE COMTE D'), 5, 6, 12, 20, 22, 23.
Antiques (Salle des), 5, 6.
ANTIN (DUC D'), 21.
Apollon, par *J.-B. Le Moyne*, 15, 16, 17.
Aurore (L'), par *Vinache et Gillet*, 19, 20, 21.
Bayard (Statue de), par *Bridan*, 13.
Bellevue (Château et parc de), 5, 10, 16.
BERRUER (PIERRE), 8, 12, 13.
Bibliothèque du Roi, 21, 22.
BOIZOT (ANTOINE), 8, 13.
Bosquet de la Paix, à *Choisy*, 13, 15, 16.
Bossuet (Statue de), par *Pajou*, 8, 12.
BOUCHARDON (EDME), 9, 18.
BOUSSEAU (JACQUES), 11, 21.
BRIDAN (CHARLES-ANTOINE), 8, 10, 13, 18.
CAFFIERI (JEAN-JACQUES), 8, 13, 18.
Cassini (Statue de), par *Moitte*, 13.
Catinat (Statue de), par *Dejoux*, 8, 12.
CAYLUS (COMTE DE), 9.
Chasse (La), par *Adam l'aîné*, 13.
Choisy-le-Roi (Château et parc de), 5, 13, 14, 15, 16, 17, 18.
Christ (Un), par *Sarazin*, 10.
CLODION (CLAUDE MICHEL DIT), 8, 10, 12, 20.
COCHIN (CHARLES-NICOLAS), 14, 20, 21, 23.
Commission des Monuments, 6.
Condé (Statue de), par *Roland*, 8, 13.
Corneille (Statue de), par *Caffieri*, 8, 12.
COUSTOU (GUILLAUME II), 15, 16, 17.
COUSTOU (GUILLAUME I ET NICOLAS), 9.
COYPEL (CHARLES), 15.
Crébillon (Tombeau de), par *J.-B. Le Moyne*, 9.
DEJOUX (CLAUDE), 8, 12.
Descartes (Statue de), par *Pajou*, 8, 12.
D'HUEZ (J.-B.), 17, 18, 22.
Diane, par *Allegrain*, 11.
Dijon (Musée de), 9.
DUBARRY (Mme), 7, 22.
Duguesclin (Statue de), par *Foucou*, 19.
DUPRÉ (NICOLAS-FRANÇOIS), 19.
Duquesne (Statue de), par *Monnot*, 8, 13.
DUTILLEUX, 7.
Écorché, par *Houdon*, 10.
Enfants-Assistés (Hospice des), 13.
Enfants jouant avec une chèvre, par *Sarazin*, 9.

Enfants jouant avec une chèvre, copie du précédent, par *Vinache*, 23.
FALCONET (ETIENNE-MAURICE), 17.
Fénelon (Statue de), par *Lecomte*, 8, 12.
FOUCOU (LOUIS), 13.
FRANCIN (GUILLAUME), 19, 20.
Fuite en Égypte (La), par *Sarazin*, 11.
GABRIEL (JACQUES-ANGE), 14.
Ganymède, par *Francin et Dupré*, 19, 20.
Ganymède, par *Julien*, 11.
GILLET (FRANÇOIS), 21.
GIRARDON (FRANÇOIS), 9, 11.
Gloire (La), par *Vassé*, 11, 21.
GOIS (ETIENNE), 8, 12, 13.
Harpocrate, par *Mouchy*, 9, 23.
HAZON, 18.
HEURTIER, 19.
HOUDON (JEAN-ANTOINE), 8, 10, 12.
Institut de France, 12, 13.
Iris, par *Adam le jeune et Clodion*, 10, 19, 20.
JARDIN (NICOLAS), 8, 10, 12, 13.
JULIEN (PIERRE), 8, 10, 13.
Lafontaine (Statue de), par *Julien*, 8, 13.
Lamoignon (Statue de), par *Pajou*, 13.
LECOMTE (FÉLIX), 8, 10, 12, 13.
LE MOYNE (JEAN-BAPTISTE), 9, 21, 22.
LENOIR (ALEXANDRE), 6, 22.
LEPAUTRE (PIERRE), 10.
L'Hôpital (Statue de), par *Gois*, 8, 12.
Louis XIV (Statuette de), 9.
LOUIS XIV, 5, 6.
LOUIS XV, 5, 6.
Louis XV (Statue de), par *J.-B. Le Moyne*, 9, 21, 22.
Louis XV (Buste de), par *J.-B. Le Moyne*, 9.
LOUIS XVI, 6.
Louveciennes, 11, 22.
Louvre (Musée du), 9, 10, 11, 19.
Luxembourg (Statue du Maréchal de), par *Mouchy*, 8, 13.
Luxembourg (Jardin du), 18.
Magnanimité (La), par *Bousseau*, 11, 21.
Maladie (La), 11.
MARIGNY (LE Mis DE), 13, 16, 17, 21, 22.
Marly (Jardins de), 9, 23.
MAUREPAS (M^r DE), 20.
Ménars (Château de), 15, 27.
Mercure (commandé à Saly et à Coustou), 15, 16.
Milon de Crotone, par *Puget*, 10.
Minerve (commandée à Paul Slodtz et à Falconet), 17.
Minerve, par *Vassé*, 11.
Molé (Statue de), par *Gois*, 8, 13.
Molière (Statue de), par *Caffieri*, 8, 13.
MONNOT (CLAUDE-MARTIN), 8, 13.
Montaigne (Statue de), par *Stouf*, 13.
Montausier (Statue de), par *Mouchy*, 8, 12.
Montesquieu (Statue de), par *Clodion*, 8, 12.
MOUCHY (LOUIS-PHILIPPE), 8, 10, 11, 12, 13, 19, 23.
Musée des Monuments français, 6.
Musée spécial de l'École française à Versailles, 7, 11.

Muséum (Projet de), 6.
Nymphe (Une), par *Julien*, 11.
ORRY (PHILIBERT), 14, 15.
PAJOU (AUGUSTIN), 6, 8, 10, 12, 13, 17.
Pascal (Statue de), par *Pajou*, 8, 12.
Passage du Rhin (Le), par *G. et N. Coustou*, 9.
Pêche (La), par *Adam l'aîné*, 13.
Persée, par *Puget*, 10.
Petit-Bourg (Château de), 21.
PIERRE (JEAN-BAPTISTE), 12, 18, 19, 20, 22.
PIGALLE (J.-B.), 10, 14, 15.
Pleureuse (La), par *Vassé*, 9.
POMPADOUR (Mme DE), 23.
Pontchartrain (Jardins de), 20.
Potsdam (parc de), 13.
Poussin (Statue de), par *Julien*, 13.
Psyché, par *Pajou*, 10.
PUGET (PIERRE), 10, 11.
Racine (Statue de), par *Boizot*, 8, 13.
Rambouillet (Laiterie de), 11.
Religion (La), par *Lepautre*, 10.
ROLAND (PHILIPPE-LAURENT), 8, 13.
Rollin (Statue de), par *Lecomte*, 8, 13.
ROTHSCHILD (EDMOND DE), 21.
ROTHSCHILD (ALPHONSE DE), 16.
Saint-Cloud (parc de), 20, 22.
Salon du Louvre (Expositions au), 16, 18, 20, 21, 23.
SALY (JACQUES), 10, 15, 17.
Santé (La), 11.
SARAZIN (JACQUES), 9, 11, 23.
Saxe (buste du Maréchal de), par *Pigalle*, 10.
Sèvres (Manufacture de), 12.
SLODTZ (PAUL), 16, 17.
SLODTZ (MICHEL-ANGE), 15, 16.
STOUF (J.-B.), 13.
Sully (Statue de), par *Mouchy*, 8, 12.
TERRAY (L'ABBÉ), 18.
TOURNEHEM (LE NORMANT DE), 14, 20.
Tourville (Statue de), par *Houdon*, 8, 12.
Trianon (Le Petit), 9.
Triomphe de Galathée, par *Girardon*, 11.
Triomphe de Vénus, par *Girardon*, 11.
Turenne (Statue de), par *Pajou*, 8, 13.
VANDIÈRES. V. MARIGNY.
Vases de forme dite Médicis, par *Verbreck, Adam le jeune et Pigalle*, 14, 14, 15.
VASSÉ (LOUIS-CLAUDE), 9, 11, 22, 22.
Vauban (Statue de), par *Bridan*, 8, 13.
Vénus et Vulcain (groupe de), 13, 17, 18.
Vénus, par *d'Huez*, 17, 18, 22.
Vénus, par *Allegrain*, 11.
Vénus et l'Amour, par *Pigalle*, 10, 11, 22.
Vénus-Uranie (commandée à Pajou), 17.
VERBRECK (JACQUES), 10, 14, 15.
Versailles (Palais de), 9, 11, 12, 13, 19, 20, 21.
Victoire (La), par *M.-A. Slodtz*, 15, 16.
VIEN (J.-M.), 18.
VINACHE (JEAN-JOSEPH), 9, 19, 20, 21, 23.
Vincent de Paul (Statue de), par *Stouf*, 13.
Voltaire (buste de), par *Pigalle*, 10.
Vulcain, par *Bridan*, 10, 18.

www.ingramcontent.com/pod-product-compliance
Lightning Source LLC
Chambersburg PA
CBHW050038230526
45470CB00003B/1344